Mechthild R. von Scheurl-Defersdorf

SIEBEN TAGE ACHTSAM SPRECHEN

HERDER

FREIBURG · BASEL · WIEN

Lingva Eterna ist eine eingetragene Marke.

Hermann-Herder-Straße 4, 79104 Freiburg

www.herder.de

Bei Fragen zur Produktsicherheit wenden Sie sich an
produktsicherheit@herder.de

Umschlaggestaltung: Reingold GmbH
Innengestaltung und Satz: Reingold GmbH
www.reingold.media

Herstellung: Graspo, Zlín
Printed in the Czech Republic
ISBN: 978-3-451-60108-8

Mechthild R. von Scheurl-Defersdorf

Sieben Tage achtsam sprechen

Inhaltsverzeichnis

Liebe Leserin, lieber Leser,

Sprache geht uns alle an. Wir brauchen und gebrauchen sie tagtäglich in vielerlei Situationen des privaten und beruflichen Alltags. Dies gilt sowohl für die gesprochene als auch für die geschriebene Sprache.

Dabei dient die Sprache in erster Linie der Weitergabe und dem Austausch von Informationen. Doch ist und kann Sprache weit mehr als das. Es gibt eine Sprache, die aufbaut und wohltut, und eine Sprache, die anstrengend ist und Kraft kostet. Nicht nur wir machen etwas mit der Sprache – unsere Sprache macht auch etwas mit uns!

Darin liegt eine wunderbare Chance: Mit unserer Sprache erschaffen wir uns unsere eigene Wirklichkeit. Es liegt an jedem selbst, wie er spricht. Gezielte Änderungen der gewohnten Ausdrucksweise haben eine spürbare und nachhaltige Wirkung auf das Sprechen, Denken und Handeln. Es ist leicht, sich mit der eigenen Sprache das Leben spürbar leichter, schöner und freudvoller zu machen!

Der Schlüssel dazu ist der bewusste Umgang mit dem Wortschatz, dem Satzbau und der Grammatik. Genau darum geht es beim Lingva Eterna® Sprach- und Kommunikationskonzept. Alle im Folgenden beschriebenen Anregungen sind Tipps aus diesem Konzept. Es ist leicht anzuwenden und bietet für viele private und berufliche Situationen verblüffend einfache Lösungsansätze. Lass dich überraschen!

Ich lade dich ein, deine eigene Sprache für sieben Tage aus einem neuen Blickwinkel zu betrachten. Du wirst dabei interessante Erfahrungen machen und nützliche Erkenntnisse gewinnen.

Ich habe eine Auswahl an Anregungen zusammengestellt, die für sieben Tage genau recht sind. Du wirst merken: Es gibt in der Sprache viel Kostbares zu entdecken. Und es macht von Tag zu Tag immer mehr Freude, denn es wirkt!

Du wirst weniger Stress haben und Zeit gewinnen. Es wird dir leicht gelingen, mit den drei A die volle Aufmerksamkeit deines Gesprächspartners zu bekommen.

Dann wirst du etwas von der geheimnisvollen Wirkung von vollständigen Sätzen erfahren und von der befreienden Kraft des Modalverbs „wollen".

Danach wirst du erfahren, wie du durch einzelne Wörter an Lebendigkeit und Ausstrahlung gewinnst. Ich zeige dir, wie du dir durch das Fasten eines einzigen Wortes das Leben viel leichter machen kannst. Und am Ende wirst du einen sprachlichen Tipp bekommen, wie dein Dank noch wirksamer werden kann.

Du wirst sehen: Es geht ganz leicht! Das ist ein handliches Rundum-Paket zu mehr Präsenz, Klarheit und Lebensfreude.

Ich wünsche dir Neugier, Lust am Ausprobieren und – Humor!

Mechthild R. von Scheurl-Defersdorf

Die Zukunft gehört dir

Achte auf deine Gedanken,
denn sie werden Wörter.
Achte auf deine Wörter,
denn sie werden Taten.
Achte auf deine Taten,
denn sie werden Gewohnheiten.
Achte auf deine Gewohnheiten,
denn sie werden dein Charakter.
Achte auf deinen Charakter,
denn er wird dein Schicksal.

Quelle: unbekannt, alte Herkunft

Was für eine schöne Vorstellung: Die Zukunft gehört dir! Es liegt an uns selbst, wie wir unsere Zukunft gestalten. Freilich gibt es die sogenannten äußeren Umstände und gewisse Rahmenbedingungen. Doch haben wir alle einen weit größeren Gestaltungsspielraum, als dies den meisten Menschen bewusst ist. Der bewusste Umgang mit der Sprache hilft dabei, ihn zu nutzen.

Tag 1

Die Möglichkeiten des Futurs entdecken

„Kein Mensch muss müssen."

Gotthold Ephraim Lessing

Was ist die Grammatik doch nützlich für die Gestaltung des Lebens! Ich wäre froh gewesen, wenn ich das schon in der Schule gelernt hätte. Dann hätte sie mich von Anfang an lebhaft interessiert, und ich hätte einen großen Gewinn gehabt.

Einen guten Einstieg bietet der Blick auf den Gebrauch von „müssen". Viele Menschen gebrauchen dieses Wort gewohnheitsmäßig. Sie sagen und denken „müssen" in vielen Situationen. Sie müssen alles, zumindest sagen sie es so: Sie müssen arbeiten, sie müssen einen Kunden anrufen, sie müssen heimfahren, sie müssen Wäsche waschen, sie müssen einkaufen, sie müssen aufstehen oder schlafen gehen. Das geht so den lieben langen Tag.

Der inflationäre Gebrauch von „müssen" macht Druck und lässt umgekehrt auch Druck spürbar und hörbar werden. Das ist ein belastender, immer enger werdender Kreislauf. Er kostet Kraft und geht auf Dauer zulasten der Lebensfreude und der Gesundheit.

„Müssen" ist ein Modalverb. Mit den Modalverben modifizieren wir unser Leben. Wir haben sieben Modalverben. Zu ihnen gehören auch „wollen", „können" und „sollen". Sie haben einen direkten Zusammenhang mit unserer inneren Haltung und unserem Lebensgefühl. Der Gebrauch der Modalverben erscheint mir bei den meisten Menschen weitgehend beliebig. Sie wissen nicht, dass und wie sie sie gebrauchen. Sie zu entdecken ist ein spannendes und lohnendes Abenteuer. Die nähere Betrachtung von „müssen" ist ideal für den Einstieg.

Viele Sätze mit „Ich muss ..." oder „Wir müssen ..." beschreiben zukünftige Handlungen. Das Modalverb „müssen" ist hier in Wirklichkeit fehl am Platz. Es geht um die Zukunft, und dafür gibt es eine grammatikalische Form, das Futur: „Ich werde etwas tun" statt „Ich muss etwas tun".

Dennoch gebraucht ein Großteil der Bevölkerung die Sätze mit „müssen". Damit sind sie aufgewachsen. Sie sind ihnen von Kindesbeinen an vertraut und sie haben sich nie Gedanken darüber gemacht. Die Sätze mit „müssen" haben eine nachteilige Wirkung. Sie lassen ein Gefühl von Fremdbestimmung und Druck entstehen.

Ich gebe dir ein Beispiel. Lies die folgenden Sätze am besten laut oder halblaut und lass sie nachklingen: „Ich muss heute ins Büro gehen und muss mittags ein wichtiges Gespräch führen. Auf dem Heimweg muss ich einkaufen und am Abend die Wäsche machen."

Wie wirken diese Sätze auf dich?

Und nun lies die Variante mit Futur. Lass auch diese Sätze nachklingen: „Ich werde heute ins Büro gehen und mittags ein wichtiges Gespräch führen. Auf dem Heimweg werde ich einkaufen und am Abend die Wäsche waschen."

Wie wirken diese Sätze auf dich? Empfindest du einen Unterschied im Vergleich zu den vorigen Sätzen?

Die Sätze mit dem Futur klingen wesentlich entspannter. Das Futur schafft einen deutlichen Abstand zwischen jetzt und später. Du hast auf einmal Zeit für das, was jetzt gerade dran ist. So kannst du dich auf das Spätere vorbereiten und zum Beispiel vor dem Einkaufen noch eine Einkaufsliste schreiben. Das spart dann in vielen Fällen einen Extragang.

Viele Menschen gebrauchen für alles Gegenwärtige und Zukünftige nur eine Zeitstufe: das Präsens, die Gegenwart. So ist es verständlich, dass sie leicht unter Druck kommen. Für sie ist die Entdeckung des Futurs ein Segen. Da sind auch all die wunderbaren Tipps zum Zeitmanagement nur wenig hilfreich, solange im Kopf alles im Präsens bleibt.

Erlaube dir Zukunft – das Futur bringt gefühlt mehr Zeit und erleichtert dir jegliche Planung. Gleichzeitig wird die Gegenwart frei für das, was jetzt gerade wichtig ist: für den Augenblick!

„Ich muss…":

Eine Welt (fast) ohne „Müssen"

Viele Menschen gebrauchen aus reiner Gewohnheit tagtäglich Sätze, die mit „Ich muss ..." oder „Wir müssen ..." anfangen. So machen sie sich und anderen Druck. Sie sagen und denken von früh bis spät „Ich muss ..." oder „Wir müssen ...":

! Ich muss jetzt aufstehen.

! Ich muss mich noch duschen.

! Ich muss jetzt aus dem Haus gehen.

! Ich muss den Kindern ihr Pausenbrot machen.

! Ich muss einkaufen, kochen, die Wäsche machen, den Kollegen anrufen, die E-Mails öffnen, an einem Meeting teilnehmen, den Kunden anrufen und schließlich am Abend: „Ich muss jetzt schlafen gehen."

Sagst oder denkst du Sätze mit „Ich muss ..." oder „Wir müssen ..."? In welchen Situationen gebrauchst du sie?

Wie heißen sie?

....

....

....

Wähle einen Satz, den du besonders häufig sagst. Wann sagst oder denkst du ihn?

Finde für diesen Satz eine Alternative ohne „müssen":

....

....

....

Gebrauche diesen neuen Satz und beobachte die Wirkung auf dich selbst und auf dein Umfeld. Die anderen Sätze mit „Ich muss …“ und „Wir müssen …“ hebe dir für ein anderes Mal auf.

Notiere am Ende dieses Tages deine Beobachtungen und Erkenntnisse:

„Mit der Zeit nimmt die Seele die Farbe der Gedanken an.“

Marc Aurel

Der Zukunft Raum geben

Der Gebrauch des Futurs ist für viele Menschen neu, zumindest in der gesprochenen Sprache. Sie gebrauchen es vor allem beim Schreiben von beruflichen Texten. Doch lohnt es sich, das Futur für den Alltag zu entdecken und es aktiv zu nutzen. Der Gebrauch des Futurs beschert innere Freiheit, bringt einen gefühlten Gewinn an Zeit und damit noch mehr Lebensqualität. Es erfordert einen bewussten Entschluss, sich aus den altvertrauten Sprachgewohnheiten zu lösen und etwas Neues zu wagen.

Wie wirst du es in Zukunft mit der Zukunft handhaben?
Bitte kreuze an:

Ich gebrauche das Futur bereits.	Ja ○	Nein ○
Ich werde in Zukunft das Futur gebrauchen.	Ja ○	Nein ○

Das Futur lässt sich privat und beruflich vielseitig anwenden. Ich gebe dir je ein Beispiel:
„Ich werde dir nächste Woche Bescheid geben. Bis dahin kann ich die entsprechenden Informationen zusammentragen."

„Ich spreche gerade mit dem Papa. Danach werde ich zu dir kommen und dir bei den Hausaufgaben helfen."

Bei welchen Sätzen wirst du das Futur ausprobieren?

....

....

....

Wie stellst du dir deine Zukunft vor? Hast du Ziele?

Wir gestalten uns unsere Zukunft durch unsere Gedanken und durch unsere inneren Bilder. Jeder Gedanke wirkt, ja jedes Wort wirkt. Es liegt an uns selbst, ob und in welcher Weise wir uns unsere Zukunft ausmalen.

Ich wünsche dir, dass du für alle drei Bereiche deines Lebens ein oder zwei erstrebenswerte Ziele hast: für dich persönlich, für dein Privatleben und für den Beruf. Achte darauf, dass du alle drei Bereiche im Blick hast. Dann bleibt dein Leben ausgewogen. Gebrauchst du das Wort „Ziel"?

Meine persönlichen Ziele (zum Beispiel musizieren, Sport treiben):

....

....

....

Meine privaten Ziele (zum Beispiel mit der Familie, mit Freunden):

....

....

....

Meine beruflichen Ziele (zum Beispiel Tätigkeitsbereich, Position):

....

....

....

Sprich von deinen Zielen. Schreibe sie auf. Formuliere sie! Mit dem Formulieren beginnen sie Form anzunehmen. Erzähle bei geeigneter Gelegenheit auch anderen, was du bereits jetzt machst, um das eine oder andere Ziel zu erreichen, und was du dafür in Zukunft tun wirst. Nutze dabei die Möglichkeit des Futurs. Diese Zeitstufe ist ein wahrer Schatz!

„Nur wer sein Ziel kennt, findet den Weg."

Laotse

Tag 2

Eine wertschätzende Kontaktaufnahme macht vieles leicht

„Die Sprache ist die Kleidung der Gedanken."

Samuel Johnson

Im alltäglichen Miteinander sprechen Menschen einander an und gehen ganz selbstverständlich davon aus, dass ihre Botschaft beim anderen ankommt. Meistens ist dies auch so und der Angesprochene weiß, was sein Gegenüber ihm sagen will. Er nimmt dann eine oder auch mehrere Informationen auf und merkt sie sich – oder auch nicht.

Letzteres geschieht, wenn der Angesprochene mit seinen Gedanken noch bei etwas anderem ist. Dann hat er die Botschaft nur halb aufgenommen oder auch überhaupt nicht gehört. Der Sprecher hat dann nur gedacht, dass die Botschaft bei seinem Gesprächspartner angekommen sei.

Für eine angenehme und wirksame Kommunikation ist eine wertschätzende Kontaktaufnahme zu Beginn des Gesprächs von fundamentaler Bedeutung. Sie ermöglicht dem Angesprochenen, den anderen wahrzunehmen und sich auf ihn einzustellen. Diesem wiederum sichert diese Vorgehensweise die volle Aufmerksamkeit seines Gesprächspartners.

Kleine Kinder beherrschen eine klare, wertschätzende Kontaktaufnahme. Damit erreichen sie fast alles, was ihnen wichtig ist. Sie sprechen den anderen mit dem Namen an, schauen ihn an und machen dann eine minimale Atempause, bevor sie weitersprechen. Bei Lingva Eterna bezeichnen wir diese Vorgehensweise als die drei A. Sie stehen für ansprechen, anschauen und atmen. Das klingt so: „Papa, – hilf mir bitte mit dem Legoturm!"

Bei den meisten Erwachsenen fehlt die Pause nach dem Namen. Sie sagen zum Kind ohne die genannte Pause: „Florian, wasch dir bitte die Hände!" Die Aufforderung kommt daraufhin oft genug beim Kind nicht an, zumindest nicht wirksam. Die minimale Pause nach dem Namen bringt Kraft und Klarheit und vor allem Wertschätzung. Kleine Kinder wissen das noch.

Es gibt bei kleinen Kindern noch eine weitere Besonderheit: Sie gebrauchen Namen oft und sprechen damit ihre Eltern, Geschwister, Großeltern und wer sonst noch alles zu ihnen gehört, immer wieder an. Später verliert sich dieses Verhalten bedauerlicherweise bei den meisten Menschen. Damit geht etwas Liebevolles, Wertschätzendes verloren.

Wir Erwachsenen können hier viel von den Kindern lernen. Dies betrifft sowohl die Pause nach dem Namen als auch das häufige Ansprechen mit dem Namen. Viele Erwachsene gebrauchen den Namen ihrer Liebsten nur, wenn sie mit anderen von ihnen sprechen oder wenn sie sie im Haus oder in der Wohnung suchen. Das würde einem jung verliebten Paar nie passieren! Sie gebrauchen den Namen des anderen oft und immer wieder, sei es der Vorname oder der Kosename.

In unseren Namen verbirgt sich ein großer Zauber. Der eigene Name, liebevoll ausgesprochen, ist für jeden Menschen eine Wohltat. Indem wir den Namen eines anderen freundlich und wohlwollend aussprechen, streicheln wir seine Seele. Das gilt im privaten Umfeld genauso wie im Beruf. Menschen haben ein natürliches, gesundes Bedürfnis, gesehen und wahrgenommen zu werden.

Für den Angesprochenen ist es schön, seinen Namen in dieser wertschätzenden Weise zu hören. Für den, der ihn so anspricht, ist diese Vorgehensweise auch ein Gewinn: Er nimmt den anderen viel mehr als Mitmenschen wahr, als wenn er ihm nur die Information sagt, derentwegen er ihn anspricht.

Die drei A machen etwas mit dem Sprecher und mit seiner inneren Haltung. Der Angesprochene wird ihn dabei als präsent und wertschätzend erleben und in der Folge vermutlich auch so behandeln.

Du wirst sehen. Es ist ganz leicht und hat eine Wunder-volle Wirkung. Bleib eine Weile dabei und erlebe, wie es dir damit geht.

Die drei A helfen in vielen Situationen

Sie helfen dir beim Aufstehen am Morgen, beim Frühstücken mit der Familie, bei allem, was du mit Freundinnen und Freunden machst, beim Begrüßen der Kollegen, beim Telefonieren, beim Einkaufen, beim Bestellen im Restaurant, beim Steuerberater, beim Arzt, mit Nachbarn, beim Begrüßen und Verabschieden und auch zwischendurch, wenn du einem anderen einfach etwas Nettes sagen willst.

Sag den Namen immer auf eine wertschätzende Weise, auch wenn der Kontakt bislang vielleicht schwierig gewesen ist. Das ist für beide hilfreich, für den anderen und vor allem für dich selbst.

„Nenn' ich dich, so kenn' ich dich."

Andreas Hofer

Anregung für den Alltag

! Sei schon am Morgen nett zu dir. Geh ins Bad, schau in den Spiegel und lächle dich an. Begrüße dich: „Guten Morgen, liebe Margit!" Setze deinen Namen ein!

O Ich mache das schon so. O Ich probiere es aus. O Ich zögere noch.

! Sprich deine Liebsten mit den drei A an, mehrmals am Tag. Wie sprichst du sie üblicherweise an, nur mit „Du, schau mal!"?

O Ich mache das schon so. O Ich probiere es aus. O Ich zögere noch.

! Wen siehst du zwar oft, doch weißt du seinen oder ihren Namen trotzdem nicht? Welche Rollen haben diese Menschen in deinem Leben? Nachbarn, Blumenfrau, Metzgerin, Paketbote und so weiter.

....

....

....

? Willst du sie nach ihren Namen fragen und dann gebrauchen?

O Ich mache das schon so. O Ich probiere es aus. O Ich zögere noch.

? Kennst du den Namen deiner Metzgerin? Oder den des Kassierers im Supermarkt? Wenn nicht, dann frage sie danach und gebrauche ihre Namen.

O Ich mache das schon so. O Ich probiere es aus. O Ich zögere noch.

? Viele Verkäufer und Mitarbeiter in Dienstleistungsunternehmen haben ein Namensschild an ihrer Kleidung. Sprichst du sie mit ihren Namen an? Sie freuen sich meistens riesig!

O Ich mache das schon so. O Ich probiere es aus. O Ich zögere noch.

? Gibt es jemanden in deinem nahen Umfeld, der für dich eine Herausforderung darstellt? Nennst du ihn bei seinem Namen oder sagst du etwas anderes, zum Beispiel „der Blödmann“ oder „der Geizige“?

....

....

....

....

! Sprich seinen oder ihren Namen immer wertschätzend aus, auch wenn du mit anderen von ihm oder ihr sprichst. Dies wird eine Wirkung haben, vor allem auf deine eigene Haltung. Vieles wird daraufhin leichter werden.

O Ich mache das schon so. O Ich probiere es aus. O Ich zögere noch.

Mein Tag mit den drei A

Sprich alle Menschen, die dir heute begegnen, nach Möglichkeit mit ihren Namen an. Fang am Morgen gleich mit dir selbst an. Sei nett zu dir! Schreibe am Abend auf, wen du alles mit seinem Namen angesprochen hast. Hast du einen neuen Namen kennengelernt?

....

....

....

....

....

....

Tag 3

Ganze Sätze - ganzes Glück

Erfolgreiche Menschen sprechen anders als Menschen, die sich stets viel bemühen und doch oft nur wenig erreichen. Sie gebrauchen andere Wörter, und sie haben einen anderen Satzbau. Ein wesentliches Merkmal ihrer Sprache sind vollständige Sätze.

Wer ist erfolgreich? Es sind aus meiner Sicht Menschen, die klare Ziele haben, die sie auch erreichen. Dazu gehören selbstverständlich Beharrlichkeit und Fleiß. Denn bekanntlich hat der Erfolg drei Buchstaben: T-U-N!

Erfolg kann ganz unterschiedlich aussehen. Das kommt auf die individuellen Ziele an. Für den einen bedeutet Erfolg, dass er einen Beruf ausübt, der ihm Freude macht, und dass er in seiner Freizeit seinen Garten hegen und pflegen kann. Für den anderen bedeutet Erfolg, dass er neben dem Beruf reichlich Zeit mit seiner Familie hat und sich zusätzlich wirksam in die Kommunalpolitik einbringen kann. Und für einen Dritten bedeutet Erfolg privates Glück und eine steile Karriere in seinem Traumberuf. Erfolg ist also nicht gleichzusetzen mit Besitz und materiellem Wohlstand.

Die Denkweise erfolgreicher Menschen spiegelt sich in ihrer Sprache wider. Sie bilden so gut wie immer vollständige Sätze: Sie bringen ihre Sätze zu Ende – so, wie sie auch im Leben ihre Gedanken und in einem weiteren Schritt ihre Handlungen zu Ende führen. Sie denken das, was sie planen, zu Ende.

Wer in seiner eigenen Ausdrucksweise auf vollständige Sätze achtet, der leistet damit einen wichtigen Beitrag zu seinem eigenen Glück. Es gibt eine Wechselwirkung zwischen der Sprache eines Menschen und dem, was er in seinem Leben erlebt. Darin liegt eine große Chance: Vollständige Sätze sind ein Schlüssel zu Erfolg und Zufriedenheit!

Neben den vollständigen Sätzen gibt es die Stummelsätze. Sie sind beim Großteil der Bevölkerung zu hören und zu lesen. Bei ihnen fehlt ein Teil des Satzes und damit natürlich auch ein Teil der Information.

In der alltäglichen Kommunikation sind solche Sätze für den Gesprächspartner lästig: Er hat die Aufgabe, sich zurechtzudenken, was der andere wohl gemeint hat. Diese Aufgabe ist anstrengend und mühsam. Zudem ist diese Vorgehensweise die Quelle für viele – vor allem emotionale – Missverständnisse.

Was bedeutet wohl der Satz „Geh grad in den Garten und hol Schnittlauch!"? Ist das eine Aufforderung an den anderen? Oder fehlt „nur" das „Ich" am Satzanfang?

Ebenso bedeutsam wie die nachteilige Wirkung in der Kommunikation ist die einengende Wirkung von Stummelsätzen auf den Sprecher selbst. Je nachdem, welche Satzteile in seinen Sätzen fehlen, fehlt ihm selbst etwas in seinem Denken und in seinem Handeln, denn sein Satzbau wirkt sich auf sein Denken und Handeln aus.

Wer seine Gedanken ausformulieren und zu Ende denken kann, der kann auch Handlungen planen und erfolgreich ausführen. So gesehen sind vollständige Sätze ein ideales Übungsfeld für alle, die sich Glück und Erfüllung wünschen. Erfolg und gewohnheitsmäßige Stummelsätze widersprechen sich. Vollständige Sätze machen das Leben leicht!

Mein Lieblingssatz dazu heißt (und der wird oft zitiert!):

Halbe Sätze, halbes Glück,
ganze Sätze, ganzes Glück.

Du darfst „Ich" sagen!

Im Alltag sind die ich-losen Sätze weitverbreitet. Dies gilt sowohl für den Beruf als auch für den privaten Bereich. Bei diesen Sätzen fehlt das „Ich“ am Satzanfang. Sie klingen so: „Komme gleich. Hänge gerade noch schnell die Wäsche auf.“ Im Beruf ist diese Ausdrucksweise genauso gängig: „Muss erst noch schnell den Kunden zurückrufen. Komm dann gleich nach zum Meeting.“ Oder: „Bin schon informiert.“

Manche Menschen scheinen zu glauben, dass sie durch das Einsparen des Wörtchens „Ich“ schneller sind. Doch erzeugen sie damit in Wahrheit Unruhe und wirken zudem gestresst und fahrig.

Ich-lose Sätze sind Stummelsätze. Spüre sie auf und bilde vollständige Sätze. Sage bewusst „Ich“, wenn es in dem Satz um dich und dein Handeln geht. So gibst du dir selbst Raum in deinem Denken und Sprechen. Wenn du dich selbst nicht genügend achtest, dann werden es andere auch nicht tun.

Den ich-losen Sätzen auf der Spur

Gib dir in deinem eigenen Denken und Sprechen den angemessenen Raum. Das wird etwas mit dir und deiner Ausstrahlung machen. Dazu kommt ein weiterer Effekt. Deine Mitmenschen werden dich dann ganz neu wahrnehmen. Das wird sich auf deren Verhalten dir gegenüber auswirken. Und das wiederum wird dich bestärken.

Gebrauchst du privat und/oder im Beruf Stummelsätze, bei denen du das „Ich“ weglässt? Wie ist es bei SMS und WhatsApp-Nachrichten?

”

Sammle fünf ich-lose Stummelsätze, deine eigenen oder die von anderen:

....

....

....

....

....

Ergänze bei diesen Sätzen das fehlende „Ich“:

....

....

....

....

....

Nun lies die ich-losen Sätze und danach die vollständigen Sätze laut oder halblaut. Lass die Sätze nachklingen und nimm ihre jeweilige Wirkung wahr.

Was sind deine Beobachtungen und Erkenntnisse?

....

....

....

Es lohnt sich, den Blick auf vollständige Sätze zu lenken. Das Leben darf leicht sein – jeder darf aus dem Vollen schöpfen. Doch mit halben Sätzen bleiben die Möglichkeiten immer beschränkt. Derjenige beschränkt sich durch sein Sprechen selbst.

Ein nützlicher Tipp für den Alltag: Innerlich übersetzen hilft

Ab jetzt wirst du mehr denn je die zahllosen Stummelsätze deiner Umgebung hören. Sie waren schon immer da – du hast sie bislang wahrscheinlich nur noch nicht in diesem Umfang wahrgenommen. Lass die anderen einfach so reden, wie sie reden. Mache keinerlei Bemerkung. Doch mach etwas anderes: Übersetze die Stummelsätze deiner Umgebung innerlich für dich mit.

Das ist eine großartige Übung für dich. Gleichzeitig hilft dir diese Vorgehensweise, die Stummelsätze der anderen leichter zu ertragen.

Du wirst merken, dass du auf diese Weise wohlwollender und gelassener mit dir selbst und mit deinen Mitmenschen umgehen kannst. Vollständige Sätze bringen Entschleunigung und steigern die eigene Wirksamkeit. So wirst du mit weniger Aufwand mehr erreichen.

Vollständige Sätze machen jeden Einkauf zum Genuss

Satzbrocken sind auch eine Form von Stummelsätzen. Sie sind beim Einkaufen und im Restaurant sowie an vielen anderen Orten weitverbreitet.

Eine Verkäuferin in einer Bäckerei sagte: „Ich höre fast den ganzen Tag nur ‚drei Semmeln‘ „ein Bauernbrot, bitte aufgeschnitten‘, ‚vier Croissants‘."

Sie packt dann die erbetene Ware ein und fragt anschließend genauso einsilbig wie der Kunde: „Alles?"

„Ja!"

„Fünf Euro vierzig. "

Dann geht meist wortlos Geld hin und her, gefolgt von einem kurzen „Danke". Das ist eine armselige Kommunikation.

Wie geht es wohl einem Menschen, der tagtäglich solche Satzbrocken zu hören bekommt? Ob diese Person sich geachtet fühlt? Und kann unter diesen Umständen ein wirkliches Interesse für den Kunden und seine persönlichen Vorlieben entstehen?

Mach dir und deinen Mitmenschen das Leben schöner. Schenke ihnen ganze Sätze! Sag noch etwas Nettes dazu. Das kann dann so klingen: „Frau Huber – Sie haben wie immer eine wunderbare Auswahl. Bitte geben Sie mir ein Walnussbrot. Schneiden Sie es bitte auf!" Oder: „Frau Huber, ich kaufe wieder mein Lieblingsbrot. Bitte geben Sie mir das Walnussbrot. Schneiden Sie es bitte auf!"

Danach werden von beiden Seiten noch ein paar freundliche Worte kommen und sowohl die Verkäuferin als auch der Kunde fühlen sich am Ende wohl.

Auf der folgenden Seite siehst du viele einzelne Wörter. Schneide sie aus und lege daraus vollständige Sätze. Du kannst sie in unterschiedlichen Kombinationen legen.

Wie viele Sätze kannst du insgesamt aus diesen Wörtern legen?
Ich wünsche dir viel Spaß dabei!

„Nur die Vernunft lehrt schweigen.
Das Herz lehrt reden."

Jean Paul

Wallnussbrot	geben	mir
Sie	ich	schönen
danke	Tag	Ihnen
Lieblingsbrot	wünsche	Lieblingsbäckerei
einen	Duft	guten
diesen	Morgen	frisch
alles	von	ist
gestern	das	heute
duftet	gut	schmeckt
köstlich	liebe	Croissants
Frau Huber	was	kostet
das	darf	kosten

Tag 4

Wieder wollen dürfen

Kleine Kinder haben einen erklärten Willen. Sie äußern ihn klar und sagen, was sie haben oder machen wollen: „Ich will ein Auto haben!" Oder: „Ich will eine Banane essen!" Ihnen ist das Wollen selbstverständlich.

Nur ein kleiner Teil der Bevölkerung lässt den Kindern das „Wollen". Das hat weitreichende Folgen für den Einzelnen und für die Gesellschaft.

Es sind die bereits angesprochenen Erfolgreichen, die ihren Kindern erlauben, etwas zu wollen und dies auch so zu sagen. Sie leiten sie an, an ihre Willensbekundung eine höfliche Frage anzuschließen, beispielsweise: „Ich will dieses Auto haben. Darf ich es haben?" Oder: „Ich will eine Banane essen. Darf ich eine Banane essen?" Diese Sätze beinhalten keine Forderung, sondern eine Willensbekundung mit anschließender angemessener Frage oder Bitte. Diese innere Haltung wird den Kindern ihr ganzes Leben lang guttun und sie stärken.

Der Großteil der Bevölkerung tut sich schwer mit dem Wollen. Den meisten wurde das eigene Wollen mitsamt dem Modalverb „wollen" schon in ihrer frühen Kindheit ausgetrieben. Die damals anerzogene und ein Leben lang gebrauchte Ausdrucksweise geben sie als Erwachsene an ihre Kinder und Enkel weiter.

Statt „Ich will ..." sollen ihre Kinder sagen: „Ich möchte bitte ein Auto haben!" oder „Kannst du mir bitte ein Auto geben?!", und entsprechend das Gleiche mit der Banane. Als Erwachsene werden sie folglich eine große Scheu davor haben, etwas machen zu wollen, und dies dann auch so zu sagen. Das „Wollen" ist für sie etwas schier Verwerfliches.

Sätze, die mit „Ich möchte bitte ..." beginnen, sind eine Mischung aus einem Aussagesatz und einer Bitte. Zudem ist „möchte" der Konjunktiv II von „mögen". Diese Form heißt aus gutem Grund auch Irrealis oder Unwirklichkeitsform. Solchen Sätzen fehlt die Klarheit und damit auch die Kraft.

Viele Erwachsene erinnern sich spontan an Sprüche, die sie als Kinder zum „Wollen" gelernt haben: „Kinder, die was wollen, kriegen eins auf die Bollen." Oder: „Du sagst: Das will i und das will i. Der Willi ist tot!" Mit solchen schrecklichen Sätzen haben viele Erwachsene den Kindern das Wollen ausgetrieben.

Später wissen die Jugendlichen dann nicht, was sie beruflich einmal werden wollen. Das „Möchten" ist an die Stelle des ursprünglich so starken „Wollens" getreten. Dann „möchten" sie wohl gern Bäcker werden oder studieren. Doch fehlen vielen die klaren inneren Bilder und die Entschlossenheit, ihre Ziele zu erreichen. Ich wünsche allen Kindern und Jugendlichen, dass ihre Eltern und Ausbilder ihnen das Wollen erlauben, ja es sogar entschieden fördern.

Doch braucht dies erst einmal ein Umdenken der Erwachsenen. Wir alle können uns das entschiedene Wollen nur mit einem bewussten Entschluss und anhaltendem Üben wieder zu eigen machen. Die Sprache hilft uns dabei.

Und diese Wiederentdeckung kann pures Glück bedeuten. So sagte eine Seminarteilnehmerin mit einem Strahlen im Gesicht: „Das Schönste ist, dass ich wieder wollen darf! Diese Erkenntnis ist so unendlich befreiend!"

„In dem Nichtwollen liegt der Grund, das Nichtkönnen ist nur Vorwand."

Lucius Annaeus Seneca

Das „Wollen" neu entdecken

Viele gebrauchen „wollen“ vor allem in der verneinten Form: Sie wissen alles, was sie nicht haben oder erleben wollen. Probiere es aus und erlaube dir „wollen“ in der bejahenden Form. Damit wirst du weiterkommen!

Wieder andere gebrauchen es mit der falschen Zeit, nämlich in der Vergangenheit. Sie sagen: „Ich wollte dich etwas fragen.“ Und dann stellen sie ihre Frage. Sie meinen in Wirklichkeit: „Ich will dich etwas fragen.“ Doch das erscheint ihnen aus bekanntem Grund als zu fordernd. Mit der falschen Zeitform meinen sie, höflich zu sein. Doch braucht sich niemand hinter einer falschen Grammatik zu verstecken. Es genügt zu sagen: „Ich habe eine Frage an dich. Darf ich sie dir jetzt stellen?“

Der Umgang mit dem Modalverb „wollen“ ist für die meisten Menschen ein großes und lohnendes Übungsfeld. Mit dem „Wollen“ lassen sich Ziele viel leichter erreichen als mit dem „Möchten“. Wer beispielsweise nach Paris reisen will, wird dort viel eher ankommen als jemand, der nach Paris reisen möchte!

Manchmal klingt eine Formulierung mit „Ich will ...“ zu fordernd. Dann hilft es, ein „gern“ einzufügen: „Ich will dich nächste Woche gern besuchen.“ Dieser Satz klingt und wirkt weicher als die Variante ohne das „Gern“: „Ich will dich nächste Woche besuchen.“ Dieser Satz kann zu fordernd klingen.

” Gebrauchst du Sätze mit „wollen“ oder „nicht wollen“?
Wie heißen sie?

Bitte schreibe drei berufliche Sätze mit „wollen“ oder „nicht wollen“ auf:

....

....

....

Nun schreibe bitte drei private Sätze mit „wollen“ oder „nicht wollen“ auf:

....

....

....

Was ist deine Erkenntnis?

....

....

....

! Erlaube dir, „wollen“ nur in der bejahenden Form zu gebrauchen. Streiche Sätze mit dem verneinten „Wollen“ und sage stattdessen, was du wirklich meinst. So entdeckst du, was du willst – und du darfst etwas wollen und es auch sagen!

Hinweis für die nächste Seite:
Auch du darfst wollen! Erlaube dir, all das aufzuschreiben, was du schon immer machen oder erleben wolltest. Es dürfen ganz verrückte Dinge sein und auch ganz banale.

Was ich schon immer machen oder haben wollte

Beginne deine Sätze mit „Ich will ...“, „Ich will so gerne ...“ oder mit „Ich wollte schon immer ...“:

Nun lies deine Liste durch und schau, ob dir alles noch immer wichtig ist. Streiche die Wünsche, die nicht mehr aktuell sind.

Alle deine anderen Wünsche nimm ernst. Als Nächstes prüfe, ob sie zusammenpassen oder ob sie sich vielleicht gegenseitig ausschließen. Dann streiche diejenigen, die dir weniger wichtig sind.

Nun kommen die letzten beiden Schritte. Wähle aus deiner verbliebenen Liste die drei wichtigsten Wünsche und prüfe, in welcher Reihenfolge du sie angehen willst. Schreibe die Nummer daneben. Nun schreibe sie auf eine neue Liste und hänge diese an einen Ort, an dem du sie täglich siehst (zum Beispiel an den Kühlschrank):

1. ....

2. ....

3. ....

Aus dem „Machen wollen" wird ein „Machen werden"

Danach kommt der nächste Schritt – aus dem „Wollen" wird ein „Werden". Hier findet das Futur wieder seinen richtigen Platz. Und der intensive Wunsch nimmt allmählich eine konkrete Form an.

Aus dem Satz „Ich will nächstes Jahr nach Paris reisen" werden nun zwei Sätze: „Ich werde nächstes Jahr nach Paris fahren. Ich beginne nun, die Reise vorzubereiten." Dann beginne auch tatsächlich damit. Bereite alles Schritt für Schritt vor und bleibe klar in deinem entschlossenen Wollen. Und dann mach deine Reise oder was immer du dir vorgenommen hast!

Anschließend widme dich deinem nächsten Wunsch und danach wiederum dem nächsten. Parallel dazu achte auf deine Grammatik: auf den Gebrauch des Präsens und des Futurs sowie auf den Gebrauch des Modalverbs „wollen". Es ist genau diese Kombination, die eine so starke Wirkung hat!

Vom Dürfen und Wollen

Wenn ich nur darf, wenn ich soll,
aber nie kann, wenn ich will,
dann mag ich auch nicht, wenn ich muss.
Wenn ich aber darf, wenn ich will,
dann mag ich auch, wenn ich soll,
und dann kann ich auch, wenn ich muss.
Denn schließlich, die können sollen,
müssen auch wollen dürfen.

Unbekannt

Lass das gewohnheitsmäßige „Möchten" hinter dir

Das Leben darf leicht sein. Erlaube dir, dass es leicht geht. Das entschlossene „Wollen" und das Futur helfen dir dabei, deine Pläne zu realisieren.

Sei achtsam mit dem „Möchten". Sätzen mit „Ich möchte ..." fehlt Kraft. Mit ihnen wirst du nur mit einem deutlich größeren Aufwand – wenn überhaupt – deine Ziele erreichen. Schließlich heißt es nicht ohne Grund: Ein Möchte-gern erreicht nur schwerlich sein Ziel.

„Nichts ist so hoch, wonach der Starke nicht Befugnis hat, die Leiter anzusetzen."

Johann Christoph Friedrich von Schiller

Tag 5

Zauberhaft und wunderbar – jedes Wort wirkt!

„Wer die Macht der Wörter nicht kennt,
kann auch die Menschen nicht kennen."

Konfuzius

Es gibt so viele schöne Wörter! Ich habe schon vor Jahren erkannt, dass glückliche, fröhliche und erfolgreiche Menschen einen reichen Wortschatz für schöne Dinge haben. Die sogenannten Pechvögel und Jammerer haben dagegen einen reichen Wortschatz für belastende Dinge. Und genau das erleben sie in der Folge auch immer mehr und mehr.

Erlaube dir einen Wortschatz, der den Namen Wort-Schatz wirklich verdient. Lege dir eine eigene Schatztruhe dafür an. Fülle sie mit schönen Wörtern! Du darfst ganz sicher sein: Jedes Wort wirkt und schafft Wirklichkeit. Es ist so einfach, so wunderbar einfach!

Adjektive machen das Leben bunt

Wir können unsere Aussagen mit Adjektiven lebendig machen. Mit ihnen können wir das Schöne, das Einzigartige an einem Menschen oder an einer Sache benennen und hervorheben. Die Schönheit liegt bekanntlich im Auge des Betrachters. Wie beschreibst du beispielsweise deinen Schal? Ist es einfach dein Schal oder ist es dein flauschiger, roter Schal? Vielleicht hat er ja ganz andere Eigenschaften?

Durch eine facettenreiche Beschreibung entsteht bei deinem Gesprächspartner ein lebendiges inneres Bild. So wird er sich noch lange an euer Gespräch erinnern, denn wir merken uns Bilder!

Mit Adjektiven können wir wie in dem genannten Beispiel mit dem Schal die Qualität und Schönheit eines Kleidungsstücks hervorheben. Das gilt analog für viele Situationen. Adjektive machen es uns leicht, den Wert von Dingen, Situationen und Handlungen in den Blick zu rücken. Auf diese Weise machen wir uns ihren wahren Wert erst so richtig bewusst und können den Gegenstand oder eine Situation dann auch ganz anders schätzen.

Das gilt für jegliche Art von Tätigkeit. Allein indem jemand sie ausführt, erhält sie bereits einen Wert. Oft sehen andere diesen Wert eher als derjenige, der die Tätigkeit gerade ausführt. Für ihn ist sie vielleicht selbstverständlich geworden, da sie zu seinem Alltag gehört und er sie jeden Tag einmal oder auch mehrmals ausführt.

Es ist gleichgültig, um welche Art von Tätigkeit es sich handelt. Es kann genauso gut eine Tätigkeit im Haushalt oder in der Familie sein, eine Handlung am Arbeitsplatz oder auch jegliche noch so unscheinbar wirkende Tätigkeit im beruflichen oder privaten Alltag.

Ich stelle mir eine Floristin bei ihrer Arbeit vor. Sie wählt Blüten und Gräser und bindet sie zu einem Strauß. Dabei ist sie konzentriert. Dann ist der Strauß fertig, und sie zeigt ihn dem Kunden. Die übliche Frage lautet dann: „Ist es so recht? Gefällt Ihnen der Strauß?“

Hier kann die Floristin mehr aus ihrem Werk herausholen. Die Sprache hilft ihr dabei: „Ist es so recht? Gefällt Ihnen Ihr bunter Sommerstrauß?“ Aus dem „Strauß“ ist ein „bunter Sommerstrauß“ geworden, und aus „der Strauß“ ist „Ihr Strauß“ geworden.

Die Floristin wird jetzt von ihrem Kunden mit Sicherheit mehr hören als nur ein wortkarges „Ja, passt so“. Sie lädt ihn mit dem Adjektiv geradezu ein, etwas Wertschätzendes zu seinem Sommerstrauß zu sagen und damit zu ihrer Arbeit. Außerdem tut sie sich mit dieser Ausdrucksweise selbst etwas Gutes: Sie macht sich das schöne Ergebnis ihrer Arbeit selbst bewusst. Das macht zufrieden.

Jetzt bist du wieder dran:
Welche Handlungen führst du tagtäglich aus?

Nenne drei bis fünf Handlungen und schreibe sie auf. Beginne deine Sätze mit „Ich …“.

Füge in jeden Satz gleich ein Adjektiv ein. Zum Beispiel „Ich räume das gebrauchte Geschirr (oder: unser Lieblingsgeschirr) in die Spülmaschine.“

....

....

....

....

....

....

....

....

....

....

....

Viele Menschen gebrauchen als vermeintliche Verstärker ihrer Aussagen die beiden Wörter „sehr“ und „wahnsinnig“. Sie finden einen Strauß sehr schön oder wahnsinnig schön. Ihre Arbeit ist sehr interessant oder wahnsinnig interessant. Alles ist einfach „sehr“ oder „wahnsinnig“. Das Wort dahinter geht fast unter. Die Betonung liegt dann auf dem „sehr“ oder dem „wahnsinnig“.

Das Wort „sehr“ bedeutete ursprünglich „wund“. Diese Bedeutung zeigt sich noch in dem Wort „versehrt“ und auch im englischen „sore“. Das Wort „wahnsinnig“ leitet sich direkt vom Wahnsinn ab. Ich will weder das eine noch das andere in mein Leben einladen.

Unsere Sprache ist reich an schönen Wörtern. Dieser Reichtum ist für jeden da. Du darfst ihn großzügig nutzen. Auf diese Weise erweiterst du deinen aktiven Wortschatz für Schönes, Wunderbares und Erfreuliches ganz erheblich.

Die meisten Menschen haben nur einen geringen aktiven Wortschatz an Adjektiven. Sie kennen die Wörter möglicherweise, doch nutzen sie diese nicht aktiv. Ich wünsche dir eine lebendige Sprache und viele schöne, wohltuende Adjektive. Sie werden dir guttun!

Sei bitte achtsam mit abwertenden Adjektiven wie „doof“ und „blöd“ und vielen mehr. Lass sie weg. Sie haben eine nachteilige Wirkung.

Wähle immer wieder ein neues schönes Wort und gebrauche es bewusst. Damit wird dein Wortschatz für schöne Dinge wesentlich weiter und größer. Halte Ausschau nach Dingen und Situationen, für die du deine Adjektive anwenden kannst. Das wird eine Wirkung haben. Die Energie folgt bekanntlich der Aufmerksamkeit. Stell dich schon einmal auf noch mehr Schönes, Beglückendes, Zauberhaftes in deinem Leben ein!

Mit welchem Wort fängst du an?

Mein Adjektiv für heute:

....

Werde zum Schatzsucher und Wörter-Sammler

Auf den Seiten 46–47 findest du eine Sammlung an Wörtern. Schneide sie aus und mach ein Häufchen daraus. Dann gehe sie der Reihe nach durch und sortiere die Wörter in zwei kleine Stapel. Der eine ist für Wörter, die du gern hast, und der andere für Wörter, die du nicht magst.

Nun lies die einzelnen Wörter, so wie du sie zufällig in die Hand nimmst. Lies sie laut und lass sie dir auf der Zunge zergehen. Nimm ihre Wirkung wahr. Dann lege die dir angenehmen Wörter auf den einen Stapel und die dir unangenehmen auf den anderen.

Beginne mit den Wörtern, die du magst. Breite sie auf dem Boden oder auf dem Tisch vor dir aus. Betrachte sie in Ruhe. Wähle dann spontan eines davon und sage oder schreibe es noch heute. Bring es an einem für dich gut sichtbaren Platz an. Mit welchem angenehmen Wort beginnst du? Mach aus den anderen angenehmen Wörtern wieder einen Stapel und bewahre diesen in einer schönen Dose auf.

Breite danach die dir unangenehmen Wörter aus. Prüfe, ob du eines oder mehrere davon gebrauchst. Nimm dann spontan eines davon heraus und entscheide, ob du es in Zukunft weniger benutzen willst. Streiche es dick durch und hänge das durchgestrichene Wort gut sichtbar auf. So erinnerst du dich leicht an dein Vorhaben.

Lege auch hier aus den anderen Wörtern wieder einen Stapel und bewahre auch diesen in einer Dose oder Ähnlichem auf. Vielleicht hast du irgendwann Lust, deinen Wortschatz weiterzuentwickeln. Dann hast du schon einen Wörter-Vorrat!

Bau dir bewusst einen Wort-Schatz auf, der dir guttut!

zauberhaft	großzügig	gut
neu	leuchtend	glücklich
fröhlich	blöd	schlecht
lustig	wunderbar	friedlich
zielstrebig	gemütlich	stressig
farbenfroh	weich	frei
neugierig	liebenswert	wahnsinnig
besonnen	pfiffig	erfolgreich
lecker	ärgerlich	mutig
schwierig	glitzernd	bunt

problematisch	verrückt	entzückend
dick	bildschön	behutsam
aufmerksam	hässlich	warmherzig
großartig	klug	unwichtig
schüchtern	leicht	zart
lohnend	unproblematisch	herzlich
saudumm	anmutig	schwer
edel	unheimlich	fleißig
gütig	bemerkenswert	beglückend
sanft	unmöglich	flauschig

Tag 6

Aber-fasten und frei werden

Das kleine Wörtchen „Aber“ hat es in sich. Es bedeutet für sich allein nichts – und doch hat es eine starke, vor allem emotionale, Wirkung. Mit dem „Aber“ geht immer eine Einschränkung einher. Oft erzeugt es beim Gesprächspartner eine Irritation. Das gilt für jegliche Gesprächssituation.

Selbst ein Kompliment kann mit einem „Aber“ danebengehen. Da sagt ein Mann zu seinem Freund: „Du hast aber ein schönes Hemd an!“ Mit dem „Aber“ klingt dieser Satz so, als hätte der Sprecher seinem Gesprächspartner kein so schönes Hemd zugetraut. Vielleicht ist das einer der Gründe, warum manche Menschen angeblich keine Komplimente annehmen können. Nun, das ist dann ja verständlich. Ganz anders klingt das Kompliment ohne das „Aber“: „Du hast ein schönes Hemd an!“ Jetzt wirkt das Kompliment echt und ist wirklich wertschätzend.

Viele Menschen gebrauchen „Aber“ gewohnheitsmäßig. Sie sagen es ständig. Beim Betreten eines Lokals sagen sie: „Das ist hier aber gemütlich!“ Im Gespräch mit dem Kollegen sagen sie: „Aber ich habe eine neue Information erhalten.“Und daheim sagen sie: „Aber heute Abend habe ich schon etwas vor.“ Sätze mit „Aber“ klingen oft wie ein Vorwurf. Sie führen häufig zu völlig überflüssigen Spannungen.

Das kleine Wörtchen „Aber“ lässt sich dabei in den meisten Sätzen ersatzlos streichen. So ist es auch bei den soeben genannten Beispielen: „Das ist hier gemütlich…“, „Ich habe eine neue Information erhalten …“ und „Heute Abend habe ich schon etwas vor …“.

Jedes „Aber“ ist ein Einwand und baut eine Wand auf. Das bedeutet ein Hindernis in der Kommunikation. Ebenso bedeutsam wie dieser Aspekt ist die Wirkung eines solchen Sprachgebrauchs auf den Sprecher selbst:

Er bleibt damit in einer ablehnenden, einschränkenden Grundhaltung. Damit wird er nie aus dem Vollen schöpfen können.

Die Etymologie von „Aber" ist in diesem Zusammenhang interessant. „Aber" ist eine alte Steigerungsform und in der Wortbildung vergleichbar mit „höher", „schneller", „weiter". Es leitet sich ab von „ab" – etwas ist „ab", ja mehr noch als „ab": Etwas ist gänzlich abgefallen. Daher kommt das „Aber" im „Aberglauben", der mit dem Glauben nichts zu tun hat, und im „Aberwitz", der mit dem Witz nichts zu tun hat.

Mit jedem „Aber" gibst du die Hälfte deines Glücks freiwillig weg. Darum empfehle ich dir ein „Aber-Fasten". Du wirst dabei entdecken, dass du das „Aber" gar nicht brauchst und dass es vielmehr unnütz ist.

Mit der Zeit wird sich eine vielleicht ungewohnte Leichtigkeit einstellen. Ja, das Leben darf leicht sein!

Ohne das gewohnheitsmäßige „Aber" wirst du innerlich zunehmend frei.

Sätze mit „Aber" aus dem Alltag

Sätze mit „Aber" sind weitverbreitet. Ich nenne dir eine kleine Auswahl:

! Das Essen ist aber schon fertig!

! Wir haben für morgen aber schon eine Einladung angenommen!

! Das ist aber ein gutes Rezept!

! Aber sie haben das Spiel verloren.

! Aber der Hauptdarsteller war krank.

! Ja, aber ich komme dann etwas später.

! Aber die Qualität ist gut.

! Ich verstehe dich, aber ...

Nun bist du wieder an der Reihe. Wie heißen deine Sätze mit „Aber"? Schreibe sie bitte auf:

....

....

....

....

....

....

Hat das „Aber" in deinen Sätzen eine Bedeutung? Vielleicht drückt es dein Erstaunen oder deine Enttäuschung aus? Vielleicht meinst du damit auch noch etwas ganz anderes? Mach es dir bewusst. Nun formuliere die Sätze bitte neu. Schreibe sie wieder auf. Lass dabei das „Aber" weg. Ansonsten schreibe, was du schreiben willst. Vielleicht willst du ohne das „Aber" den ganzen Satz ändern.

So heißen dieselben Sätze ohne „Aber":

....

....

....

....

....

....

Lies deine Sätze bitte laut oder halblaut und lasse sie auf dich wirken!

Nun kennst du deine Sprachgewohnheiten schon wieder etwas besser. Mit deinen „Aber"-Sätzen hast du dir bisher so manches unnötig schwer gemacht. Jetzt, da du sie kennst, kannst du eine sprachliche Kurskorrektur vornehmen. Den ersten Schritt hast du bereits getan: Du hast erfolgreich Alternativen ohne „Aber" gebildet. Es ist ganz einfach, die neuen Sätze anzuwenden. Lass dir Zeit dafür.

Sobald du das gewohnheitsmäßig gebrauchte „Aber" hinter dir lässt, löst du gleichsam eine Handbremse in deinem Leben. Damit kannst du dich frei entfalten, und vieles wird leichter.

Wenn dir trotz aller Aufmerksamkeit einmal wieder ein „Aber" entgleiten sollte, dann hilf dir mit Humor: Stoppe das „Aber" nach dem „Ab-" und mach daraus ein humorvolles „Abrakadabra". Das kann dann so klingen: „Abrakadabra, ich habe heute noch etwas anderes vor." Dann wird dein Beinahe-Aber einem herzlichen Lachen Platz machen.

Du wirst sehen:
Mit Humor wirst du das gewohnheitsmäßige „Aber"
am leichtesten hinter dir lassen können.

Ein Tag mit wenig oder keinem „Aber" - schreibe deine Erfahrungen und Erkenntnisse auf:

Tag 7

Danken und sich am Leben freuen

„Es gibt auf der Welt kaum ein schöneres Übermaß als das der Dankbarkeit."

Jean de La Bruyère

Das Leben bietet jedem Menschen jeden Tag mindestens einen Grund, für etwas dankbar zu sein. Nur haben wir den Blick für diese Dinge oftmals verloren oder verlernt. Vieles von dem, was wir als selbstverständlich betrachten, ist es bei näherem Hinsehen nicht – sei es die Familie, die Freunde, die Gesundheit, der Arbeitsplatz, das sichere Dach über dem Kopf, der liebevoll gedeckte Tisch, die sauberen Hemden im Kleiderschrank, das Wohlwollen eines Menschen, ein Lächeln und vieles mehr.

Viele Menschen erkennen den Reichtum, in dem sie gelebt haben, erst, wenn er in Gefahr ist oder sie ihn gerade verloren haben. Dann auf einmal erkennen sie, wie wichtig ihnen ihre gesunden Augen, ihre gesunden Ohren und ihre gesunden Füße waren. Dann wird ihnen – oft zu spät – bewusst, dass sie diesen Dingen nicht ausreichend Aufmerksamkeit geschenkt haben. Das Gleiche gilt für alles im Leben, was uns wichtig ist: die Partnerschaft, die Kinder, die Geschwister, die Freunde, unser Hobby, die Musik …

Deswegen ist es wichtig, den Blick bewusst auf das zu lenken, was uns beglückt und wofür wir dankbar sind. Es ist klug, sich dies im Einzelnen immer wieder neu bewusst zu machen. Damit mehren wir unser Glück. Die Energie folgt der Aufmerksamkeit. Dieses physikalische Prinzip greift in unserem ganzen Leben.

Das Gegenteil wirkt auch: Wer es versäumt, das Schöne und Beglückende in seinem Leben zu sehen und zu würdigen, der zieht seine Energie ab und schwächt damit das, was er liebt. Er „entschöpft" es sozusagen.

Es wäre freilich ein Trugschluss zu glauben, dass wir Unangenehmes in unserem Leben einfach wegdenken können – es verschwindet nicht einfach von allein. Hier gilt es, sich diesen Themen zu stellen und daran zu wachsen. Die Dankbarkeit hilft wiederum, auch mit solchen Themen zurechtzukommen.

Die Dankbarkeit ist eine Grundhaltung. Sie beschert inneren Frieden, Zufriedenheit und ein tief empfundenes Glück. Diese Grundhaltung wirkt wie ein Magnet und zieht immer weitere Situationen an, in denen wir allen Grund haben, dankbar zu sein. Es geht ganz einfach – es bedarf „nur" des bewussten Entschlusses, Dankbarkeit zu entwickeln. Wer damit begonnen hat, das reflexartige „Aber" hinter sich zu lassen, ist bereits auf einem guten Weg. Mit dem „Aber" verschwinden wie von selbst Groll und Ablehnung. Von da an ist der Weg zur Dankbarkeit frei.

Es wird im Leben natürlich auch weiterhin Herausforderungen und schwierige Zeiten geben. Doch lassen sie sich mit dieser Grundhaltung der Dankbarkeit anders annehmen. Tatsächlich geht damit vieles viel, viel leichter. Das Leben darf leicht sein und immer wieder neu leicht werden! Es liegt an jedem selbst, wie er mit den ihm gestellten Aufgaben umgeht.

Die Sprache hilft dabei, zur Dankbarkeit zu finden und sie dann bewusst tagtäglich neu zu pflegen. Wieder einmal ist es die Grammatik, die eine so starke und wunderbare Wirkung entfaltet. Dieses Mal sind es die Personalpronomina mit „ich", „du" und so weiter.

„Danke!" ist nur ein Stummelsatz

Jedes kleine Kind lernt schon früh, Danke zu sagen. Dabei ist Danke nur der Rest von einem vollständigen Satz. Er heißt in Wirklichkeit: „Ich danke Ihnen!", „Ich danke dir!" oder „Ich danke euch!".

In dem üblichen Danke fehlt jegliche Information über den Dankenden sowie über den, dem gedankt wird – wie kann da der Dank wirksam ankommen? Daher wirkt das höflich gedachte Danke oft nur wie eine Floskel, die nicht ehrlich gemeint ist.

Die beiden Personalpronomina „Ich" und „Ihnen" erzeugen eine gänzlich andere Wirkung: Das „Ich" lässt den Sprecher präsent werden. Er zeigt sich. Mit dem zweiten Personalpronomen „Ihnen" („dir" oder „euch") nimmt er den Kontakt zu seinem Gesprächspartner auf. Der Satz wird vollständig und damit auch die Handlung: Jetzt auf einmal kommt der Dank an und der Angesprochene empfindet ihn als ehrlich und aufrichtig.

Der so ausgesprochene Dank wirkt auch auf den Sprecher selbst. Der Dankende wird den Dank selbst viel intensiver empfinden. Er sagt dann nicht nur höflich Danke, sondern dankt seinem Gesprächspartner wirklich. Dies wird sich zunehmend auf seine innere Haltung auswirken. Und schon entwickelt er von allein Tag für Tag mehr Dankbarkeit.

In vielen Situationen kannst du spontan noch anfügen, wofür du dem anderen dankst. Je nach Situation kannst du auch die drei A anwenden und deinen Gesprächspartner mit seinem Namen ansprechen:

! Ich danke Ihnen für Ihre Nachricht.

! Herr Meier, ich danke Ihnen für die gute Zusammenarbeit.

! Wir danken Ihnen für die prompte Lieferung.

! Lieber Felix, ich danke dir für das schöne Abendessen!

! Ich danke dir für deine Zeit.

! Ich danke dir für die Einladung.

”

Du bist wieder dran. Schreibe deine Sätze auf.
Finde private und berufliche Situationen:.

....

....

....

....

....

....

Lies deine Sätze wieder laut oder halblaut.
Lass sie nachklingen und lass sie dir auf der Zunge zergehen.
Wie wirken sie auf dich?

....

....

....

....

....

....

Nun triff eine bewusste Entscheidung: Wie wirst du in Zukunft mit deinem Dank umgehen? Kreuze bitte an:

○ Ich bleibe bei meinem gewohnten „Danke“.

○ Ich gebrauche bereits die vollständigen Sätze.

○ Ich werde die vollständigen Sätze einführen.

Vom Danken und Bedanken

Neben dem Danken gibt es auch das Bedanken. Dann heißt der übliche Satz: „Ich bedanke mich für die Einladung." Oder: „Ich bedanke mich für das Geschenk!" Das klingt höflich – doch fehlt dabei der Kontakt zum Angesprochenen. Wieso heißt es: „Ich bedanke mich?" Die im Satz enthaltenen Personalpronomina benennen beide den Sprecher: „ich" und „mich". Der Dank soll jedoch beim anderen ankommen, und genau der kommt in diesem Satz nicht vor!

Viel herzlicher und ehrlicher klingt dieser Dank: „Ich danke dir für die Einladung." Oder: „Ich danke dir für das Geschenk!"

Sagst du im Alltag Danke? Wie sagst du normalerweise Danke? Mach es dir bewusst.

Drei Situationen:

1. Jemand hält dir die Türe auf.
2. Der Bäcker überreicht dir am Ende deines Einkaufs die Tüte mit dem Brot.
3. Der Kollege hat mit dir den Dienst getauscht (oder, wahlweise: Er stellt dir eine Tasse mit Tee oder Kaffee hin).

Probiere aus, was du in diesem Kapitel neu entdeckt hast:

....

....

....

....

....

....

Eine Übung zu zweit

Du kannst diese Übung privat oder auch mit einem Kollegen beziehungsweise einer Kollegin machen. Ihr braucht dafür einen sperrigen Gegenstand, zum Beispiel einen Papierkorb, und einen Raum mit einer Türe.

Der eine von euch trägt den sperrigen Gegenstand und kommt an einer Türe an. Sie ist zu. Der andere sieht dies und macht hilfsbereit die Türe auf. Der Tragende kann jetzt bequem weitergehen und kommt mit seinem Gegenstand bequem durch die Türe und dankt dem anderen.

Probiert zwei Varianten aus:

- ✓ Variante 1: „Danke!“
- ✓ Variante 2: „Ich danke Ihnen!“

Beobachtet jeweils:

- ✓ Wo geht der Blick des Dankenden hin?
- ✓ Wo geht der Blick des Helfers hin?
- ✓ Sagt der Helfer noch einmal etwas?
- ✓ Was sagt er bei welcher der beiden Varianten?

Dann macht die Übung noch einmal. Diesmal trägt derjenige den sperrigen Gegenstand durch die Tür, der vorher dem anderen die Türe geöffnet hat.

Welche Erkenntnis hast du bei dieser Übung gewonnen?

....

....

....

....

....

....

Dankbarkeit ist ein Schlüssel zu Glück und Zufriedenheit

Es gibt tausend Gründe, dankbar zu sein. Mir ist dies schon als junge Frau bewusst geworden. So habe ich schon früh eine tiefe Dankbarkeit entwickelt – und mit ihr ein großes Lebensglück. Diese Dankbarkeit wird weiterhin immer tiefer und größer. Ich glaube, das wird immer so weitergehen.

Bei mir war es das Schicksal, das mir die Augen für das Gute geöffnet hat. Ich habe damals damit begonnen, mir jeden Tag aufs Neue bewusst zu machen, wofür ich dankbar sein kann. Damit entwickelte sich meine Dankbarkeit mehr und mehr.

Sie ist ein Schlüssel zu Glück und Zufriedenheit und einer prallen Lebensfreude. Diesen Weg kann jeder beschreiten – auch ohne Schicksal und große Härten in seinem Leben. Ich wünsche jedem, dass er freiwillig, sozusagen aus Klugheit, zur Dankbarkeit findet. Auf diese Weise können wir alle uns vieles ersparen.

Meine Liste fängt heute so an:

- ✓ Ich bin dankbar für meine wunderbare Familie.
- ✓ Ich bin dankbar, dass ich in Frieden leben darf.
- ✓ Ich bin dankbar für meine Gesundheit.
- ✓ Ich bin dankbar für meine so treuen Freunde.
- ✓ Ich bin dankbar für meine lieben Nachbarn.
- ✓ Ich bin meinen Lehrern von ehedem dankbar. Sie haben mir Wichtiges mit ins Leben gegeben.
- ✓ Ich bin meinem Paketboten dankbar. Er ist hilfsbereit und macht mir das Leben leicht.
- ✓ Ich bin dankbar für das Zwitschern der Vögel und für einen wärmenden Sonnenstrahl.
- ✓ Ich danke meinen Eltern, dass sie mir das Leben geschenkt haben.
- ✓ Ich bin dankbar für eine Aufgabe, die mich erfüllt.
- ✓ Es gibt noch tausend Weiteres, wofür ich dankbar bin. Dieses tägliche Wissen und Fühlen macht mich froh und frei.

Und wofür bist du dankbar?

Mach es dir bewusst und schreib es auf. Mit dem Aussprechen und Formulieren gewinnen deine Gedanken eine enorme Kraft. Fühle auch ganz bewusst, was du aufschreibst oder aussprichst. Sprache entfaltet dann ihre volle Kraft, wenn wir sie denken UND fühlen. Freue dich an allem, was du an Schönem hast und erlebst.

Dafür bin ich dankbar:

Ausklang

In der Sprache liegt eine ordnende, heilsame Kraft. Sie ist für jeden Menschen da. Der Schlüssel dazu ist die Struktur der Sprache: ihr Wortschatz, ihr Satzbau und ihre Grammatik. Nicht nur wir machen etwas mit der Sprache – unsere Sprache macht auch etwas mit uns!

Jedes Wort wirkt und schafft Wirklichkeit – das ist eine verheißungsvolle Botschaft! Mit dem Wandel der Sprache eines Einzelnen beginnt auch der Wandel einer ganzen Gesellschaft. Jeder kann mit seiner Sprache einen Beitrag leisten zu mehr Frieden und Menschlichkeit in unserer Welt.

Sieben Tage achtsam sprechen – das ist ein wunderbarer Anfang. Das Leben darf leicht sein. Deine Sprache wird dir dabei helfen.

Ich wünsche dir ein Leben voller Freude und Erfüllung und viele, viele schöne Erfahrungen beim Wandeln deiner Sprache.

Mechthild R. von Scheurl-Defersdorf

Zum Weiterlesen

Bücher:

Mechthild R. von Scheurl-Defersdorf, Theodor von Stockert, Ein lautes Ja zum Leben sagen. Zufrieden werden mit bewusster Sprache, Herder Verlag 2020

Mechthild R. von Scheurl-Defersdorf, Ich verstehe, was du meinst.
Die Kraft der Sprache für ein glückliches Miteinander, Herder Verlag 2018

Mechthild R. von Scheurl-Defersdorf, In der Sprache liegt die Kraft.
Klar reden, besser leben, Herder Verlag 2. Aufl. 2020

Theodor von Stockert, Meine Sprache und ich.
Mit Sprachstruktur Persönlichkeit entwickeln, LINGVA ETERNA Verlag 2016

Kartensatz:

Mechthild R. von Scheurl-Defersdorf, Die Kraft der Sprache.
80 Karten für den täglichen Sprachgebrauch, LINGVA ETERNA Verlag,
Überarbeitete Neuausgabe, 13. Gesamtauflage 2023

Audiobook zum Downloaden und Streamen:

Mechthild R. von Scheurl-Defersdorf, Theodor von Stockert, Einfach mehr erreichen – das LINGVA ETERNA Konzept, LINGVA ETERNA Verlag 2019

Weitere Publikationen zum Lingva Eterna Konzept finden Sie in unserem online Shop www.lingva-eterna.de/shop.